Nota les articles marquis d'un C, apparte-
naient a M^e guillaume de Besancon.

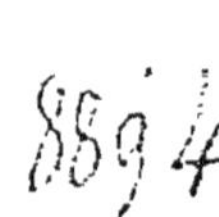

CATALOGUE

DES LIVRES

TRÈS-BIEN CONDITIONNÉS,

DU CABINET DE M***. *de Talleyrand*.

Dont la Vente se fera en une seule vacation, le mardi
3o avril 1811, à 6 heures très-précises de relevée,
rue des Bons-Enfans, n° 3o.

Se distribue **A PARIS,**

Chez De Bure père et fils, Libraires de la Bibliothèque
Impériale, rue Serpente, n° 7.

<hr>

DE L'IMPRIMERIE DE CRAPELET.

1811.

la 1ᵉʳᵉ imparfaite

Barbié.

Brunaud.

Beausset.

Brunaud.

CATALOGUE
DES LIVRES

TRÈS-BIEN CONDITIONNÉS,

DU CABINET DE M***.

1. Opus veteris novique Testamenti. *Impressum Nurmbergæ, per Anthon. Coberger, anno 1475, 2 tom. en 1 vol. in-fol. goth. rel. en cart.*

2. Biblia sacra latina. *Basileæ, per Bern. Richel, sub anno 1477, 2 vol. in-fol. goth. rel. en bois.*

3. Les Provinciales, par L. de Montalte, (Bl. Pascal). *Cologne, P. de la Vallée,* 1657, *in-12. vél.*

4. Thomæ a Kempis de imitatione Christi, libri IV. *Lugduni, apud Joh. et Dan. Elzevirios, absque anni nota, in-12. m. r.* Editio optima.

5. Thomæ a Kempis de imitatione Christi, libri IV. *Amstelodami, ex officina Elzeviriana, 1679, in-12. m. r. l. r.*

6. Hugo Grotius de veritate Religionis Christianæ. *Amstelodami, ex offic. Elzeviriana,* 1669, *in-*12. *v. b.*

7. Institutiones D. Justiniani, SS. Principis. *Amstelodami, Dan. Elzevirius,* 1664, *in-*18. *m. r.*

8. Platonis dialogi v, gr. et lat. ex recensione et cum notis Nath. Forster. *Oxonii, e Typ. Clarend.* 1765, *in-*8. *v. m.*

9. Le Ministre d'Etat, par de Silhon. *Jouxte la copie imprimée à Paris (les Elzeviers),* 1648, *in-*12. *v. b.*

10. Observations on reversionary payments; on schemes for providing annuities for widows, and for persons in old age, etc. by Rich. Price. *London, T. Cadell,* 1772, *in-*8. *v. m.*

11. Rapports du physique et du moral de l'homme, par P. J. G. Cabanis. *Paris, Crapart,* 1802, 2 *vol. in-*8. *v. rac.*

12. Essai sur la Physiognomonie, par Jean Gasp. Lavater. *Imprimé à La Haye,* 4 *vol. grand in-*4. *fig. v. rac. dent.*

13. Encyclopédie, ou Dictionnaire des Arts, etc. par Diderot, d'Alembert, etc. *Paris,* 1751, 35 *vol. in-fol. v. m. fig.*

14. Tables portatives de Logarithmes, par Fr. Callet. *Paris,* 1795, 1 *tom. en* 2 *vol. in-*8. *demi-rel. dos de mar.*

pichard.

a chaintre.

Brunaud.

pichard.

fantin

~~retiré ... 200 francs les archives~~;

gab. marie.

payant.

16. D

La Loy

treuttel.

pichard.

th. darrois.

pichard.

pichard.

pichard.

15. Campagnes des Armées françaises en Prusse, *10--95.*
en Saxe, en Pologne, etc. sous le comman-
dement de S. M. l'Empereur et Roi. *Paris,*
Buisson, 1807, *4 vol. in-8. fig. v. m.*

16. Lycée, ou Cours de Littérature ancienne *24.-50. 9*
et moderne, par J. F. La Harpe. *Paris,*
Agasse, an VII, 7 tom. rel. en 8 vol. in-8.
demi-rel.

17. Joan. Scapulæ Lexicon græco latinum. *36.*
Amstel. Lud. Elzevirius, 1652, *in-fol. v. b.*
piqué de vers à la fin du volume.

18. A Dictionary of the english language, by *49--95.*
Sam. Johnson. *London, Knapton,* 1755, *2 vol.*
in-fol. v. rac.

19. Nouveau Dictionnaire français-anglais et *11.*
anglais-français, par L. Chambaud. *Paris,*
1776, *2 vol. in-4. v. j.*

20. M. T. Ciceronis academica, recensuit, va- *16.*
riorum notis suas immiscuit, etc. Joan. Davi-
sius. *Cantabrigiæ, C. Crownfield,* 1736, *in-8.*
vel.

21. M. T. Ciceronis de finibus bonorum et malo- *16.*
rum libri V, ex recensione Joan. Davisii. *Can-*
tabrigiæ, Typ. academicis, 1741, *in-8. vél.*

22. M. T. Ciceronis libri de Divinatione et de *14.*
Fato, ex recensione et cum notis Joan. Davisii. *Cantabrigiæ, Typ. acad. C. Crownfield,*
1730, *in-8. vél.*

23. M. T. Ciceronis epistolæ ad familiares. *Lugd. Bat. ex offic. Elzeviriana*, 1642, *in-12. vél.*

24. Aphtonii Sophistæ progymnasmata. *Amstelodami, Lud. Elzevirius,* 1649, *in-12. m. r.*

25. Orationes habitæ in publico archigymnasio Bononiensi, ab Ant. Magnanio. *Parmæ, Typ. Bodonianis,* 1794, *in-fol. cart.*

26. Ero e Leandro, poema, del marchese Niccolo Viviani. *Parma, Bodoni,* 1794, *in-8, cart. Pap. Vél.*

27. Publius Virgilius Maro. Bucolica, Georgica et Æneis. *Parisiis, in œdibus Palatinis, Petrus Didot natu major,* 1798, *gr. in-fol. fig. cart.* n° 129.

Superbe édition, Papier Vélin, ornée de figures, gravées d'après les dessins des plus grands maîtres.

28. Q. Horatii Flacci poemata cum scholiis et annotationibus Joan. Bond. *Amstelodami, Dan. Elzevirius,* 1676, *in-12. m. viol. dent.*

Editio optima.

29. Pub. Terentii Comœdiæ sex, ex recensione Heinsiana. *Lugd. Bat. ex officinâ Elzeviriâ,* 1635, *in-12. v. f.*

Editio optima.

30. Pub. Terentii Comœdiæ sex, ex recensione Heinsiana. *Lugd. Bat. ex officina Elzeviriana,* 1635, *in-12. v. f. taché d'huile.*

chardin

payant.

payant.

th. Barrois.

pichard.

Mc Charpentier.

Mc Charpentier.

achaintre.

Renouard.

Me Brunaud.

chardin

Brunaud.

Barré.

Th. Barrois.

payant.

Brunaud.

payant.

31. Britannia, Lathmon, villa Bromhamensis, *12.*
poematia Roberti Vicecomitis de Hampden.
Parmæ, in ædibus Palatinis, Typ. Bodo-
nianis, 1792, *in-fol. v. porph. dent.*

32. Encyclopédie poétique, par de Gaigne. *Pa-* *8.*
ris, 1778, 11 *vol. in-*8. *v. m.*

33. Contes et Nouvelles en vers, par Jean de La *36.*
Fontaine. *Amsterdam,* 1762, 2 *vol. in-*8.
fig. m. r.

34. La Henriade, par Voltaire. *Amsterdam,* *1.–90.*
l'Honoré, 1761, *in-*12. *fig. v. m.*

35. L'Homme des Champs, ou les Géorgiques *2o.–5o.*
françaises, par Jacq. Delille. *Strasbourg,*
Levrault, 1802, *in-*4. *fig. Gr. Pap. Vél. rel.*
en vél. dent. fig avant la lettre.

36. La divina Commedia di Dante Allighieri. *28.–5.*
Parma, nel regal Palazzo (Bodoni), 1796,
3 *vol. petit in-fol. cart.*

37. Aminta favola boscareccia, di Torquato *2.–95.*
Tasso. *In Leida, Giovanni Elzevier,* 1656,
*in-*12. *m. r.*

38. Aminta favola boscareccia, di Torquato
Tasso. *Parigi, Prault,* 1768, *in-*12. *v. éc.* } *3.–85.*

39. Il Pastor fido, tragicomedia pastorale del
Cavalier Batt. Guarini. *In Parigi, Prault,*
1768, *in-*12. *v. éc.*

40. La Secchia rapita, di Alessandro Tassoni. *4.–60.*
Parigi, Prault, 1768, *in-*12. *v. éc.*

2 - 50. 41. Il Malmantile racquistato, di Lorenzo Lippi. *Parigi, Prault,* 1768, *in-12. v. éc.*

D. 211 - —
42. Ode del dottore Vicenzo Jacobacci. (*Parma, Bodoni*), 1794, *in-8. cart. Pap. Vél.*

43. The Seasons, by James Thomson, illustrated with engravings, by F. Bartolozzi, and P. W. Tomkins. *London*, 1797, *gr. in-fol. m. r. dent. doub. de tabis.*
Superbe reliure anglaise.

105 - 5. 44. Bell's British theatre. *London,* 1791, 78 *numéros, in-12. br. fig. Pap. Vél.*

3 - 5. 45. Bell's British theatre. *London,* 1791, *les n°s 56, 57, 58 et 59, in-12. br. Pap. Vél.*

2 - 55. 46. Joannis Barclaii Argenis, cum clave. *Amstelodami, ex officina Elzeviriana,* 1671, *in-12. v. b.*

4 - - -
47. Il Tempio di Gnido, trad. dal francese (del Pres. de Montesquieu). *Parigi, Prault,* 1767, *in-12. v. éc.*

48. Il Congresso di Citera, del conte Algarotti. *Parigi, Prault,* 1768, *in-12. v. éc.*

121 - - - 49. El ingenioso hidalgo Don Quixote de la Mancha, compuesto por Miguel de Cervantes. *En Madrid, D. Joaquin Ibarra,* 1780, *4 vol. in-4. fig. m. r. dent. doub. de tabis.*

50 - — 50. T. Petronii Arbitri Satyricon, quæ supersunt, cum notis variorum, curante Petro Burmanno. *Amstelodami, apud Janssonio-*

payant.

43. C.

payant.
th. Barrois.
Brunaud.

payant.

th. Barrois.

pichard.

51. Caill.

payant.

payant.

gab. Marie.

~~Mayence~~ Barri.

~~Louis~~ Velu

pichard.

gab. Marie.

59 Barn.

Brunard.

Waesbergios, 1745, 2 *vol. in-*4. *Ch. Mag. v. f.*

51. Mémoires de Marie-Françoise Dumesnil, en réponse aux Mémoires d'Hyppolite Clairon. *Paris, Dentu, an VII, in-*8. *v. m.*

52. Curiosités de la Littérature, trad. de l'anglais, par M. T. P. Bertin. *Paris,* 1810, 2 *vol. in-*8. *v. rac.*

53. Leçons latines de littérature et de morale, ou Recueil en prose et en vers des plus beaux morceaux des auteurs latins anciens, etc. par Fr. Noël. *Paris, Le Normant,* 1808, 2 *vol. in-*8. *v. m.*

54. Œuvres de M. J. F. de La Harpe. *Paris, Pissot,* 1778, 6 *vol. in-*8. *v. f.*

55. Œuvres complètes de Pierre-Augustin Caron de Beaumarchais. *Paris, Colin,* 1809, 7 *vol. in-*8. *fig. v. rac.*

56. Poggiana, ou la vie, les bons mots, etc. de Pogge. *Amsterdam, Humbert,* 1720, 2 *vol. in-*12. *v. b.*

57. Desiderii Erasmi colloquia. *Amstelodami, ex officina Elzeviriana,* 1662, *in-*12. *v. b.*

58. C. Plinii Secundi Epistolæ et Panegyricus, ex recensione Marci Zuerii Boxhornii. *Amstelodami, ex officina Elzeviriana,* 1659, *in-*12. *v. b.*

59. Lettres de Balzac à Conrart. *Leyde, Jean Elzevier,* 1659, *in-*12. *vél.*

60. Recherches sur la Géographie systématique
et positive des anciens, par P. F. J. Gosselin,
avec des Cartes géographiques. *Paris, de
l'imprimerie de la République, an VI, 2 tom.
en un vol. in-4. v. rac.*

61. Atlas historique, généalogique, chronolo-
gique et géographique, par A. Lesage. *De
l'imprimerie de P. Didot l'aîné, grand in-
fol. cart.*

62. Atlas de l'Empire autrichien, en 40 cartes,
par Joseph Marx Freiherrn de Liechtenstern.
*Vienne en Autriche, 1805, in-fol. atlant.
demi-rel.*

63. Regni Bohemiæ conspectus, a J. Christ.
Muller.

Vingt-six grandes Cartes, y compris celle d'assemblage.
Elles sont collées sur carton, et renfermées dans un
porte-feuille de parchemin vert.

64. Mappa chorographica totius regni Bohemiæ, a J. C. Muller, reducta a J. W. Wie-
land. 1726.

Vingt-cinq Cartes collées sur toile.

65. Voyage en Sibérie, par Chappe d'Auteroche.
Paris, 1768, 4 vol. in-4. br. en cart.

Exemplaire satiné, et avec les Planches de l'Atlas co-
loriées.

66. Voyages de Shaw dans la Barbarie et le

La Ditte.

Barbié

Treuttel.

Treuttel.

Brunand.

avec des piquûres de ver.

payant.

68. Court. p^t

70. Caill.

payant.

pichard.

payant.

th. Darron.

Crozat.

Crozat.

Levant, trad. de l'anglais. *La Haye*, 1743,
2 *vol. in-4. v. f. fig.*

Il y manque plusieurs Cartes.

67. Relation abrégée d'un Voyage fait dans
l'intérieur de l'Amérique méridionale, par de
La Condamine. *Paris, veuve Pissot*, 1743,
in-8. v. m.

68. Justini Historiæ, cum notis Isaaci Vossii.
Amstelod. ex officinâ Elzeviri, 1673,
in-12. v. f.

69. Histoire ecclésiastique, par Fleury. *Paris*,
1722, 36 *vol. in-4. v. éc. Gr. Pap.*

Il y a plusieurs volumes mouillés.

70. Histoire de la République romaine, trad. de
Salluste (par le Prés. Ch. de Brosses). *Dijon*,
Frantin, 1767, 3 *vol. in-4. v. rac.*

71. La Conjuracion de Catilina, y la guerra de
Jugurta, por Cayo Salustio Crispo (trad. por
illust. Señor infante Don Gabriel). *En Madrid, J. Ibarra*, 1772, *in-fol. m. r. dent.*

72. Nuova Topografia di Roma, da Giam Bat-
tista Nolli. 1748.

Très-grande Carte collée sur toile, ainsi que la Table
ou légende.

73. Iconographica rappresentatione della citta
di Venezia, da Lodov. Ughi. 1729.

Très-grande Carte, entourée des vues des principaux
monumens de cette ville. Elle est collée sur toile.

74. Recueil des Historiens des Gaules et de la France, par M. Mich.-Jean-Jos. Brial. *Paris, de l'imprimerie Impériale*, 1806, *tom.* 14 *et* 15, *in-fol. br.*

75. Collection de Mémoires particuliers, relatifs à l'Histoire de France. *Paris*, 1785, *les* 36 *premiers vol. in-*8. *br.*
La fin du tome 6 est déchirée.

76. Histoire du Roi Henri-le-Grand, par M. Hardouin de Perefixe. *Amsterdam, Dan. Elzévier,* 1664, *in-*12. *vél.*

77. Mémoires du duc de Rohan, sur les choses advenues en France, depuis la mort de Henri-le-Grand. (*Amsterdam, chez les Elzéviers*), 1646, *in-*12. *m. r.*

78. Antiquités de la France, par M. Clérisseau. *Paris, de l'imprimerie de Ph. Den. Pierres,* 1778, *in-fol. atlant. fig. cart.*

79. Histoire d'Angleterre, par Rapin de Thoyras (publiée par Lefèvre de Saint-Marc). *La Haye*, 1749, 16 *vol. in-*4. *v. m.*

80. The History of England, by David Hume. *Basil. J. J. Tourneisen,* 1789, 12 *vol. in-*8. *v. m.*

81. Picturesque antiquities of Scotland, etched by Adam Cardonnel. *London, Edwards,* 1788, *in-*4. *fig. papier mar.*

82. Histoire naturelle, civile et ecclésiastique

Me Charpentier.

Brunard.

Velu –   extrêmement rogné et sale

Brunard.

Me Charpentier

                         retiré à 35 franc sans enchère

H. Barrois.

Crozat.

retiré a 60 fr. sans enchères.

retiré a 10 francs sans enchères.

pichard.

retiré a 300 francs sans enchères.

Le Riche.

Perdière.

·de l'Empire du Japon, trad. de l'allemand
d'Engelb. Kæmpfer, par J. Gasp. Scheuchzer.
La Haye, Gosse, 1729, 2 *vol. in-fol. fig. v. m.*

83. Novus orbis seu descriptio Indiæ occiden-
talis, aut. Joan. de Laet. *Lugd. Bat. Elze-
virii*, 1633, *in-fol. vél. fig.*

84. Description des Médailles chinoises du Cabinet impérial de France, par J. Hager. *Paris,
de l'imprimerie Impériale*, 1805, *gr. in-4.
fig. v. rac. Pap. Vél.*

85. Antiquités étrusques, grecques et romaines,
tirées du cabinet de M. Hamilton, par d'Han-
carville. *Naples*, 1766, 4 *vol. in-fol. max. v.
m. fig.*

86. Le Pitture antiche, Bronzi, etc. d'Erco-
lano. *In Napoli, nella Regia Stamperia*,
1757, 9 *vol. gr. in-fol. fig. m. r. et v. f.*

87. La Galerie des Femmes fortes, par le P.
Pierre Le Moyne. *Leiden, Jean Elzévier*,
1660, *in-12. fig. m. r.*

88. Dictionnaire historique de l'Histoire sacrée
et profane, par L. Moreri. Edition revue par
M. Drouet. *Paris, Libraires associés*, 1759,
10 *vol. in-fol. v. m.*

F I N.